MONSIEUR
DE CHATEAUBRIAND
DÉVOILÉ.

PAR M. LE COMTE DE L... ET M. J. D...

« Moi, j'aime bien Polichinelle! »
(Sch.)
« Il n'aime pas les cordons et les faveurs
« des cours. » (Mach.)
« Oh! comme il m'est fidèle..... »
(V. Anne.)

PRIX : 1 FR. 50 C.

PARIS,

LEMARQUIÈRE, LIBRAIRE, PASSAGE VIVIENNE, N. 5,
PRÉS LA RUE NEUVE-DES-PETITS-CHAMPS ;
AUGUSTE MIE, RUE JOQUELET, N. 9 ;
ET CHEZ TOUS LES MARCHANDS DE NOUVEAUTÉS.

1832.

DE CHATEAUBRIAND.

Il est des hommes qu'aucun événement politique, auquel ils n'auraient point participé, ne nous fera jamais attaquer, parce que la vie privée des citoyens doit être respectée. Dans les hommes à caractère public, ce ne sera pas non plus la vie privée que nous irons scruter : nous ne signalerons que leurs actes publics et politiques, parce que, dans les circonstances où se trouve le pays, il est nécessaire que les hommes, qui veulent influer sur ses destinées, soient bien connus de leurs concitoyens.

Mûs par ces hautes considérations, nous avons livré, au jugement de la nation, la vie et les actes politiques de certains ennemis de la France. Aujourd'hui, nous soumettons à l'impartialité de l'histoire et du pays, quel-

4

ques actes publics de M. le vicomte de Chateaubriand, sans nous laisser étourdir ni par sa haute réputation littéraire, ni par ses talens, ni par son dévouement au parti carliste dont il tient à honneur d'être un des principaux agens.

En sa qualité de chaud partisan de la branche aînée des Bourbons, c'est-à-dire de la légitimité, du droit divin, des jésuites; c'est-à-dire encore, en sa qualité d'ennemi déclaré de la souveraineté populaire, de la liberté et des franchises nationales; ou, si l'on veut, comme ami de l'étranger dont il fut un des partisans en 1815 et 1818; à tant de titres, M. de Chateaubriand appartient à l'histoire, à sa critique comme à ses éloges. Plus que tout autre, il doit être soumis au jugement de ses contemporains, afin qu'ils sachent quelle confiance peut inspirer un homme qui vient de lever un drapeau qui n'est pas français, autour duquel il s'efforce de rallier les citoyens qu'il peut abuser.

Ici commence la vie politique du noble vicomte, de ce noble personnage qui, selon ses propres expressions, aurait bien dû faire en sorte de rester TOUJOURS *fidèle* à ses sermens. C'est en l'an XII que M. le vicomte (il n'était alors que CITOYEN) a commencé sa carrière politique, cette carrière qui ne devait pas toujours être pour lui *épineuse* et *raboteuse*. L'inflexible *Moniteur* est là, il va parler!

M. de Chateaubriand, ce chaud partisan de la royauté divino-légitime, ennemi acharné du TYRAN (c'est ainsi qu'il l'a nommé) Napoléon, ne ploya pas le genou devant les sycophantes de la république française. Cependant ce *citoyen*, qui se laissait aller à quelques idées d'ambition, ne crut pas au-dessous de lui de briguer quelques faveurs *révolutionnaires*. Peut-être même ne désirait-il alors que se préparer à ces voyages lointains qui lui valurent plus tard les faveurs de la renommée.... Quoi qu'il en soit, une ordonnance, en date du 7 frimaire an XII, se trouve ainsi écrite dans le *Moniteur* de cette époque :

« Bonaparte, premier consul de la république, arrête :

« ART. Iᵉʳ. Le CITOYEN Chateaubriand, secrétaire de la légation française à Rome, est nommé chargé d'affaires de la RÉPUBLIQUE FRANÇAISE près la RÉPUBLIQUE du Valais.

« ART. II. Le ministre des relations extérieures est chargé....

« *Signé* : BONAPARTE.

« *Par le premier consul,*

« *Signé* : L. B. MARET. »

Voilà donc une ordonnance qui nous apprend que le CITOYEN Chateaubriand avait déjà été FIDÈLE à la république, à Rome, et que, pour prix de cette FIDÉLITÉ, il obtint l'honneur de représenter la France auprès d'une RÉPUBLIQUE, celle du Valais.

Il faut reconnaître ici que le CITOYEN Chateaubriand, aujourd'hui si pur LÉGITIMISTE, ne débuta pas mal dans la carrière. Employé d'une RÉPUBLIQUE auprès d'une autre RÉPUBLIQUE !.... Avec un tel précédent, nous nous croyons fondés à penser que M. le vicomte pourrait bien, sans déroger, descendre jusqu'à servir la France un peu républicaine.

M. de Chateaubriand, alors trop peu républicain pour se soumettre à un *usurpateur*, refusa-t-il le serment à Napoléon devenu empereur? ou bien l'amour de la science et l'esprit de religion le saisirent-ils de telle façon qu'il s'expatria...

Le fait est que le *Moniteur* le perd de vue jusqu'en 1807, époque où nous apprenons que M. Chateaubriand, après avoir parcouru la Syrie et l'Égypte, se disposait à aller en Espagne, dont nous faisions la conquête. Depuis lors, nous le voyons tout occupé de littérature...

1815 arrive, et la vie de M. de Chateaubriand devient plus active. Par ordonnance du 17 août, il est nommé pair de France, et, le 27, président du Collége électoral du Loiret. Il y prononce un discours où nous trouvons des passages assez curieux pour être reproduits, aujourd'hui surtout que chacun se flatte de constance dans les principes...

« Messieurs, lorsque Louis XVI, de sainte et douloureuse mémoire, convoqua les états-généraux, il voulut remédier à un mal que la France *regardait* ALORS comme insupportable, mais qui nous paraît *bien léger*, aujourd'hui que l'expérience nous a rendus meilleurs juges de l'adversité.

« ...... Les deux conseils se détruisirent par leurs propres factions. Sous le TYRAN, le peuple se tut, et ne retrouva la voix que sous le ROI LÉGITIME. Au retour de BUONAPARTE, la *convention sembla sortir* AVEC LUI *du tombeau* : les deux FANTÔMES viennent de rentrer dans l'ABÎME, laissant, en témoignage de leur apparition, des CALAMITÉS SANS NOMBRE, et 600,000 étrangers sur le sol de la France. » (L'étranger n'est pas une calamité pour l'orateur, comme on le verra plus bas.)

« ...... Le moment est venu d'employer à l'affermissement de la monarchie, cette même force populaire qui a servi à l'ébranler...... Le roi a voulu les avertir (les députés) de l'importance des fonctions qu'ils auront à remplir, en rapprochant le peuple du trône, en confiant quelques colléges électoraux au *noble patronage des princes de son sang*. » (On n'influait pas les élections!....)

« ...... L'Europe ne se sentira complétement rassurée que quand elle entendra nos orateurs, trop long-temps égarés par *des doctrines funestes*, professer ces principes de *justice* et de *religion*, fondement de toute société...

« ...... Sans doute, il faut éteindre les divisions... jeter sur les fautes de nos frères le voile de la charité chrétienne..... et, *à l'exemple* DE NOTRE ROI, *pardonner le mal* qu'on nous a fait. Mais il y a loin, Messieurs, de cette indulgence nécessaire à cette *impartialité* CRIMINELLE qui, obligée de faire un choix, le laisserait tomber également sur le *bon* ou sur le *mauvais* citoyen, ne mettrait aucune différence entre les principes et les opinions, les actions et les paroles. Si, en dernier résultat, il était égal d'avoir commis ou de n'avoir pas commis de crime, *d'avoir gardé* ou *d'avoir violé son serment;* si, lorsque l'orage est passé, on traite de la même sorte et celui qui a produit cet orage et celui qui l'a conjuré ; si l'un et l'autre jouissent du même degré de confiance, de la même part de dignités et d'honneurs, l'honnête homme ne sera-t-il pas découragé ?

« ...... La justice n'est point une réaction, l'oubli n'est point une vengeance. (En parlant des candidats qui ont amené l'étranger en France.) Mais, grâce à l'excellent esprit de ce département, vous ne serez point réduits à faire ces distinctions pénibles : on ne compte ici que des sujets *dévoués à leur roi.*

« .... La fidélité au trône de Saint-Louis est chez les Orléanais une vertu héréditaire; ils conservèrent leurs remparts pour Charles-le-Victorieux, comme ils *ont gardé leurs cœurs pour* Louis-le-Désiré. Qui ne sait que votre ville, pendant nos tempêtes, fut le réfuge de tous les Français persécutés ? Le *prêtre* fugitif *y trouva un autel,* le *serviteur du roi, un asile,* pour y prier leur Dieu, pour y pleurer *leur maître !...*

« ..... Pour moi, je regarderai comme un des plus beaux jours de ma vie, celui où j'ai été appelé à présider votre collége électoral. Le roi, qui tient compte à ses *fidèles sujets* même *de leur zèle,* a trop payé, par cet honneur, mes faibles services... Mon cœur a toujours battu, mes yeux se sont toujours remplis de larmes au cri d'amour et de salut... de *vive le roi !* »

Après ce discours, M. de Chateaubriand, à la tête du bureau du collége électoral, vint, le 5 septembre, lire au roi l'adresse suivante, qui est bien digne du discours dans lequel il eut le bonheur de faire l'éloge des candidats qui avaient travaillé à *amener l'étranger en France,* chose *très nationale* selon l'orateur.

« Sire, le collége électoral de *votre* département du Loiret, nous a chargés de porter au pied de votre trône l'hommage de sa fidélité et le tribut de son profond respect. Nos élections sont terminées ; nous *n'avons choisi* QUE *des hommes* CONNUS PAR LEUR ATTACHEMENT A VOTRE PERSONNE SACRÉE ; c'était le PREMIER TITRE à nos yeux. S'ils pouvaient jamais abandonner la cause de la monarchie, nous les *renions d'avance,* et nous cessons de les reconnaître pour nos députés.

« Sire, vous *avez* DEUX FOIS *sauvé la France ;* vous allez achever votre ouvrage. Ce n'est pas sans une *vive émotion* que nous venons devoir le *commencement* DE VOS JUSTICES : vous avez saisi ce glaive que le *Souverain du Ciel a confié aux princes* de la terre, pour assurer le repos des

peuples ; vos mains royales ne s'étaient levées jusqu'ici que pour absoudre les coupables.....
Mais, en sentant tout ce que *cet effort* a dû coûter au cœur du roi, en pleurant sur des hommes qui *n'auraient pas pleuré sur vous*(1), nous ne nous sommes pas dissimulé que le moment était venu de SUSPENDRE *le cours de votre* INÉPUISABLE CLÉMENCE. LA FRANCE....... VOUS DEMANDE JUSTICE A GENOUX.. Vous la devez à ce peuple qui, le soir, avant d'entrer dans sa chétive demeure, où il partage sa couche *avec le soldat étranger*, se console en criant *Vive le Roi !* vous la devez à cette foule qui, lorsqu'elle *vous a vu aux balcons de votre palais*, oublie tous les maux d'une guerre *suscitée par* LE TYRAN et par SES COMPLICES ; vous la devez à ces habitans des campagnes qui ne possèdent plus que le *drapeau blanc* dont ils ont orné les fenêtres de leurs chaumières dépouillées, à ces PAYSANS qui accouraient la nuit au bord des chemins où vous deviez passer, pour s'assurer que LEUR PÈRE était revenu, et que la *patrie* serait SAUVÉE...

(1) On a vu la conduite des vainqueurs du despotisme en 1830.

« Vos *sujets* racontent avec des *larmes de
reconnaissance* et *d'admiration* tout ce que
vous avez fait *pour la France*, et votre SÉVÉ-
RITÉ PATERNELLE est mise au premier rang de
VOS BIENFAITS. »

Quand on a lu de sang-froid ces furibondes
homélies, on doute qu'elles soient l'œuvre d'un
homme modéré, de l'auteur du *Génie du Chris-
tianisme*. Invoquer, comme un bienfait que la
France attend de son prince, la *sévérité*, la
vengeance sur des hommes qui ne professent
pas les opinions royalistes!.. En vérité! et que
penser d'un homme qui avoue que le premier
titre d'un candidat est son attachement à la personne sacrée du roi?. Ce n'est pas trop le système
que proclame aujourd'hui le noble champion de
la légitimité! Et il parlait ainsi au moment où le
pavillon Marsan ordonnait des massacres dans
toute la France! au moment où les cours pré-
vôtales dressaient les échafauds! au moment où
la chambre des pairs assassinait le brave Ney!..
Jetons un voile sur tant d'horreurs; que le mépris seul accueille le souvenir des paroles hai-

neuses du *citoyen* Chateaubriand , *fidèle* à nos libertés , comme il le fut à la république.

Tant de dévouement méritait bien une récompense ! Aussi , juste appréciateur d'un si bon royaliste , Louis XVIII nomma M. de Chateaubriand membre de son conseil privé , le 19 septembre 1815.

Le 11 octobre suivant , ce personnage fut nommé de la commission chargée de rédiger l'adresse de la chambre des pairs au roi. On se souvient de la fureur qui semblait avoir présidé à cette œuvre...

Le 13 du même mois , il fut nommé l'un des quatre secrétaires de la chambre *haute*.

Le 16 de ce même mois , il fut nommé vice-secrétaire du premier bureau de cette chambre (Monsieur , depuis Charles X , en fut président.)

Advient une circonstance , le mois de janvier 1816 , où M. de Châteaubriand va donner une nouvelle preuve de sa piété et de son ardent amour de *fidélité* aux princes *sauveurs* de la France. La chambre des pairs est occupée d'un *fameux* travail sur des niaiseries. Le 12 janvier, M. le vicomte émetson opinion, et fait un programme pour la translation à Saint-Denis des restes de Louis XVI, et l'érection d'un monument, rue d'Anjou, à Paris, en l'honneur du roi et de Marie-Antoinette.

Notre CITOYEN s'écrie :

« ..... Voilà, Messieurs, ce qui fut commandé par le roi. Une ordonnance déclara de plus, qu'à l'avenir, le 21 janvier serait un jour consacré par des cérémonies religieuses. La première pensée de ce grand sacrifice *de paix*, appartient donc à notre souverain, comme tout ce qui s'est fait de *bon et de noble* depuis la restauration de la monarchie.

« Qu'il me soit permis de vous rappeler, dût-on m'accuser d'un peu d'orgueil, que je reçus, l'année dernière, une bien douce récompense de MA FIDÉLITÉ à mon souverain *légitime*. Cette récompense fut d'être officiellement chargé d'annoncer la *pompe funèbre* que la France allait célébrer en mémoire du ROI MARTYR, et les monumens que la piété de Louis XVIII voulait fonder pour éterniser SES REGRETS (lui, l'assassin de son frère !!) Je fus redevable de ce choix à un ministre dont *l'amitié m'honore*, et qui, s'il a des ennemis, doit en chercher le plus grand nombre parmi les *ennemis du roi*. Vous aurez oublié, Messieurs, ou peut-être n'aurez-vous jamais lu le programme que je traçai alors de la fête expiatoire...

« Le roi sera HUMBLEMENT SUPPLIÉ d'ordonner qu'un monument soit élevé à la mémoire de Louis XVI, au nom et aux *frais de la nation*. »

Telle fut la proposition anti-française de notre CITOYEN. Il est bon de rappeler au pays que cette farce religieuse est due à ce personnage. Il recommandait, dans son discours au collége d'Orléans, l'oubli des injures et des maux de ses frères, et surtout celui de l'égarement des opinions ; et, plus tard, on le voit invoquer la *vengeance* du roi, faire un appel à sa colère, et ici, il met en pratique cet oubli, en rappelant la mort de Louis XVI, auquel il propose d'élever des monumens... Quelle dérision! Comment Louis XVIII, le plus hypocrite des hommes, n'aurait-il pas été méchant, trompé, flagorné qu'il était, par un tas d'hypocrites plus méchans que lui ?

Mais les dernières paroles du noble vicomte ne doivent échapper à aucun Français. Il faut que l'hypocrisie des prétendus amis de la France soit démasquée. Notre CITOYEN, pair de France, fut, dit-il, chargé d'annoncer la *pompe funèbre:* il fut redevable de ce titre à un ministre dont *l'amitié l'honore,* et ce ministre était l'assassin stipendié de la Sainte-Alliance pour égorger le maréchal Ney !...

Notre pair de France réussit complétement à la cour ; et, le 21 janvier 1816, parut cette ordonnance déshonorante pour le pays, en vertu de laquelle il fut élevé un monument en l'honneur de Louis XVI, de la reine , de Madame Elisabeth et du duc d'Enghien. En reconnaissance de tels actes, le peuple ne doit-il pas un charivari à M. de Chateaubriand ?

Le 22 février suivant, M. de Chateaubriand, qui brûlait de prouver son servile dévouement à la camarilla jésuitique qui gouvernait, prétend qu'une lettre de Marie-Antoinette a été trouvée dans les papiers du conventionnel Courtois, et le voilà qui vient à la chambre *haute* débiter une touchante allocution.. capable de faire rire tout CITOYEN délégué par Bonaparte pour représenter une *république* auprès d'une autre *république*.

Tant de nouveaux services méritaient bien une nouvelle récompense. Le 26 mars suivant, M. de Chateaubriand fut élu l'un des 40 immortels de l'Académie...

Mais voilà que notre pair de France ressent une vélléité d'indépendance ! Il se rappelle, sans doute, que les rois de *droit divin* sont un peu fourbes de leur métier, et il élève des doutes sur la *volonté personnelle* de Louis XVIII, au sujet de l'ordonnance du 5 septembre 1816. Il écrit *ses doutes* dans une brochure, et le ministre, dont *l'amitié l'honore*, le fait rayer du conseil privé par ordonnance du 20 septembre 1816, contre-signée RICHELIEU, l'assassin de Ney.

M. de Chateaubriand se tient coi pendant quelque temps. On voudrait bien se réconcilier avec lui aux Tuileries ! On le flatte, on le cajole, on le gagne; et, par ordonnance du 31 août 1817, sa pairie portera institution du titre de héréditaire VICOMTE. Notre vicomte est en paix avec le château.

Pour donner un gage certain de l'oubli *du passé*, il monte à la tribune, le 3o janvier 18i8, et il vient appuyer l'amendement-Doudeauville, amendement un peu barbare, sur l'art 24 de la loi CONTRE la presse. (Loi du 28 février 1817.) Cet amendement avait pour but de *rendre les dispositions de l'art. 287 du Code pénal, applicables aux chansons, pamphlets, figures ou images contraires aux bonnes mœurs et au respect dû à la religion.*

M. le vicomte de Chateaubriand, qui se dit *ami de la liberté de la presse*, s'exprimait ainsi :

« Il est temps que nos lois portent le sceau de la RESTAURATION, et qu'on juge à leur CARACTÈRE RELIGIEUX que le petit-fils de Saint-Louis est sur le trône. Tous les peuples ont fait de la religion la base de leurs lois : refuserons-nous de la nommer dans les nôtres?

« ON DIT que la charte assure à tous les cultes une égale liberté; qu'on ne peut regarder comme un outrage fait à l'un d'eux l'exposition des dogmes de l'autre. Ce n'est pas non plus un ouvrage de controverse qu'on se propose de punir (c'est ensuite ce qu'on a fait); la vérité se venge d'elle-même; et s'il renaît un ministre Claude, il renaîtra un Bossuet pour le réfuter. Ce qui outrage, c'est le blasphème, c'est la négation impie de l'existence de Dieu. On dit encore que la religion est bannie du Code pénal : hâtons-nous de l'y introduire ; hâtons-nous de corriger, par son introduction, des lois faites sous LA TY-RANNIE , et marquées au coin de *cette époque*. » — L'opinant vote pour l'amendement. L'amendement est adopté.

La France ne peut pas douter un instant que M. le vicomte de Chateaubriand ne lui ait rendu un grand service, en faisant adopter un amendement contre la plus précieuse de nos libertés, contre la presse, dont les légitimistes usent et abusent aujourd'hui de telle façon, qu'ils doivent avoir honte de leur propre ouvrage dont, après tout, ils sont victimes à leur tour.

Jusqu'ici, les hauts faits politiques de M. le vicomte de Chateaubriand n'inspirent que de la pitié ; mais les étrangers vont quitter la France qu'ils souillent de leur souffle impur, ces mêmes étrangers que la noblesse avait amenés à Paris, par suite de la plus noire trahison, et voilà que cette même noblesse craint le patrio-

tisme de la France. En effet, l'étranger une fois
parti, les Français pouvaient faire payer cher
à leurs ennemis naturels, les nobles, leur lâ-
cheté qui les força d'appeler l'étranger parmi
nous. Que font-ils donc, ces lâches? ils adressent
une supplique, bien basse, bien rampante,
à leurs sauveurs, aux princes de la Sainte-Alliance, pour les engager A NE PAS RETIRER *l'armée d'occupation des frontières françaises* !!..

Ceux qui liront ceci ne voudront pas croire
que, quelqu'ait été le délire des ultra-royalis-
tes, il s'en soit trouvé d'assez infâmes, d'assez
misérables, pour supplier les ennemis de la
patrie de continuer à nous torturer, à désho-
norer la France.... Eh bien ! au nombre de ces
hommes, qu'on ne saurait assez signaler au
mépris public, fut le vicomte de Chateaubriand,
le pair de France! Oui, un des auteurs de
cet acte barbare, qu'on appela REMONTRANCE
AUX PUISSANCES ALLIÉES, fut M. de Chateaubriand....

Nous avons éprouvé tant de honte en voyant
le nom de Chateaubriand mêlé à cette dégoûtante affaire, que nous n'avons cru le fait

qu'en lisant et relisant cette imputation dans les journaux de Londres, du mois de juin 1818.

Quand parut cette grave accusation, M. le vicomte ordonna des poursuites contre le journaliste anglais. L'affaire allait donc être poursuivie devant les tribunaux de Londres, quand le journaliste, pour ne pas flétrir le vicomte, et, sans doute, *gagné* par certaines voies, consentit à s'en rapporter A LA PAROLE de ce pair de France ; et, comme on le pense bien, M. de Chateaubriand donna SA PAROLE que ce fait n'était pas vrai. Voici la rectification insérée dans le *Times* du 25 juillet.

« *Sur sa parole*, il nie formellement avoir
« travaillé au prétendu mémoire cité par le
« correspondant du *Times*, ni à aucun mé-
« moire de quelque nature que ce soit, et
« enfin le vicomte de Chateaubriand dé-
« clare n'être pour rien, ni de près, ni de loin,
« dans cette affaire. »

(*The Times.*)

Cette affaire occupait beaucoup les esprits, tant en France qu'en Angleterre. M. de Chateaubriand ne fut pas satisfait de la dernière note du *Times*, qui ne détruisait guère l'accusation portée contre lui. On pensait généralement que la déclaration du journal anglais avait été envoyée à ce dernier par M. de Chateaubriand, qui crut devoir *nier* ce fait dans un journal de Paris, par une lettre, en date du 3o juillet 1818, insérée au *Moniteur* du 3 août. Dans cette lettre, il « *déclare qu'il n'a envoyé, au TIMES,* « *aucune réclamation ; qu'il a seulement en-* « *voyé*, en Angleterre, une instruction pour « être remise à son avocat ; que cette instruc- « tion semblerait être parvenue à l'éditeur du « *Times* ; que c'est là le document authentique « dont il *paraît* avoir extrait quelques phrase « où se trouverait énoncé le point de fait que « devait plaider son avocat. »

Le 9 août, parut à Paris un article de Londres, du 4 de ce mois, dans lequel le *Times* répond : « Nous sommes un peu surpris, et nous ne « doutons pas qu'une grande partie de nos lec- « teurs ne le soient aussi, de lire une lettre « qui porte la signature du vicomte de Cha- « teaubriand, et que nous extrayons du jour- « nal des *Débats* (voir le *Moniteur*) ; cette let-

« tre paraît avoir été écrite pour démentir ce
« que nous avons publié sur cette affaire, dans
« laquelle on avait dit que ce noble personnage
« se trouvait mêlé. La lettre actuelle du noble
« vicomte a été écrite pour produire l'effet d'un
« *démenti* APPARENT à notre article. Nous avons
« annoncé que le noble vicomte nous avait
« transmis, par le canal d'un ami commun, un
« désaveu formel de *certaines actions*, qui lui
« avaient été attribuées sur l'autorité d'un de
« nos correspondans de Paris. M. de Chateau-
« briand *fait de son mieux pour* NOUS DÉMENTIR ;
« mais ses paroles ne PRÉSENTENT, ce que nous
« rougissons presque de dire d'un tel person-
« nage, QU'UNE TIMIDE ÉQUIVOQUE..... IL NIE
« FORMELLEMENT.... etc... On peut voir le
« *Times* du 25 juillet (*Moniteur* du 30) ; mais
« nous assurons de nouveau, très positive-
« ment... que M. de Chateaubriand nous a
« transmis son désaveu formel.... d'avoir pris
« aucune part au mémoire aux puissances al-
« liées. » (Ici, le rédacteur du *Times* raille un
peu le noble vicomte, et lui fait entrevoir que
son action en justice serait illusoire. Il termine

ainsi) : « Nous sommes fâchés, mais non pas
« pour nous-mêmes, qu'un noble personnage,
« contre lequel nous n'entretenions aucun sen-
« timent d'inimitié, se soit mis dans un pareil
« embarras. »   (*The Times*.)

On n'entendit plus parler de ce procès, c'est-
à-dire que M. le vicomte comprit enfin que le
Times avait eu raison de dire qu'il AVAIT TRA-
VAILLÉ AU MÉMOIRE AUX PUISSANCES ALLIÉES....

Mais les notes et lettres publiées dans les
journaux, avaient produit un grand effet, et
M. le vicomte était jugé sévèrement. Pour atténuer autant qu'il le pourrait, car il ne pouvait espérer de le détruire, l'effet de ces pu-
blications, un ami, sans doute, fit imprimer un
article extrait des *Archives philosophiques, politiques et littéraires*, en réponse à une brochure
de M. de Chateaubriand, intitulée : *Remarques
sur les affaires du moment*; et on y lit : « Il exis-
« tait une *note secrète* dans laquelle ce noble
« vicomte *exprimait une vive douleur de l'oc-
« cupation étrangère.* » Comme on le voit, ceci
ne fut écrit que pour atténuer l'article du journal
anglais. (Qui peut être dupe de telles manœuvres!)

Ainsi donc, l'accusation infamante dirigée par le *Times*, subsiste dans toute sa gravité.

En fait de démentis, on a pu voir que le noble personnage n'était pas toujours heureux. Une autre occasion se présente d'en donner un, et le Journal des Débats, *où écrivait M. le vicomte*, s'est chargé de cette tâche. C'est le 27 septembre 1819, qu'on lit dans ce journal :

« Le *Censeur Européen* prétend que M. le vi-
« comte de Chateaubriand est arrivé à Rennes,
« et que là, entouré d'une cour nombreuse de
« royalistes, il ranime le courage de ceux qu'ont
« désespérés les élections du Morbihan. Nous
« pouvons assurer que le *Censeur* s'est trompé.
« (*Journal des Débats*.) »

Après les faits qui concernent notre personnage, revenons à la *fixité* de ses principes. Au 15 janvier 1820, M. le vicomte avait gardé le silence pendant deux mois; et, dans le *Conservateur* de ce jour-là, il le rompt en parlant du *licenciement de la nation*... Il demande *si l'on va bientôt commencer une nouvelle monarchie. Il s'étonne que l'on n'appelle pas immédiatement au pouvoir,* DES HOMMES MONARCHI-

QUES.... *Retour aux lois monarchiques, éloi- gnement des hommes monarchiques ; voilà,* dit-il, *le nouveau sophisme...*

C'est un tel homme qui veut faire croire à sa bonne foi, à son amour de la liberté !...

Le 4 mars 1820, le *Moniteur* nous fait savoir que le *Journal des Débats,* c'est-à-dire, *son* journal, avait annoncé à la France que M. le vicomte de Chateaubriand était spécialement chargé d'écrire *la Vie de Monseigneur le duc de Berry...*

Le 6 juillet, nous apprenons que M. de Chateaubriand a reçu un témoignage bien flatteur de l'*émotion* que son touchant ouvrage a causé à Madame la duchesse de Berry. L'auguste princesse, en le priant, avec une délicatesse exquise, de recevoir, au lieu d'éloges, l'assurance qu'elle le relirait souvent, lui a fait remettre une médaille en or, ornée de son portrait et de celui de son royal époux, et qui renferme des cheveux de tous les deux.

Le 19 octobre, M. de Chateaubriand fut placé à la tête du conseil d'administration, chargé de recevoir les souscriptions pour une médaille en l'honneur de la naissance du duc de Bordeaux.

« C'est, est-il dit au *Moniteur*, pour offrir à la
« *postérité* un monument historique du dernier
« *bienfait* de la Providence, qu'une société
« *d'hommes dévoués à la monarchie* a conçu le
« projet d'une médaille... Elle offrira, à la face,
« Madame la duchesse de Berry sur sa *couche*
« *royale*, présentant à la France *l'auguste* en-
« fant qu'elle *vient de mettre au monde;* des
« rayons célestes, figurés sur le haut de la mé-
« daille, et enveloppant *l'auguste* enfant, indi-
« queront L'INTERVENTION DU CIEL DANS LA NAIS-
« SANCE du nouveau Henri ; le buste du duc de
« Berry, posé sur un cippe, associera deux idées,
« qui *ne peuvent être séparées* dans le cœur des
« *bons* Français. La légende portera : *Dieu*
« *nous l'a donné*, et l'exergue : *Nos cœurs et*
« *nos bras sont à lui.* Au revers, on verra saint
« Michel TERRASSANT le génie des RÉVOLUTIONS.
« En exergue, l'indication du 29 septembre,
« date de la naissance du *prince*, et jour consa-
« cré, dans les *fastes* de l'église, à l'archange
« *vainqueur* du DÉMON. »

En vérité, M. de Chateaubriand doit bien rire
sur ses propres momeries....

Tant de constance dans son dévouement reçut sa récompense. M. de Chateaubriand fut nommé envoyé extraordinaire et ministre plénipotentiaire près la cour de Prusse, à la fin du mois de novembre 1820; ce qui ne l'empêcha pas de recevoir la duchesse de Berry, le 3 décembre, à l'infirmerie de *Marie-Thérèse*. C'est alors, et au moment du départ de la princesse, que le vicomte lui demanda la permission de lui offrir de l'eau du Jourdain, qu'il avait lui-même puisée dans le fleuve sacré. Cette eau, dit-il, parfaitement conservée, est renfermée dans un de ces vases de ferblanc, que les pèlerins prennent au couvent de Saint-Sauveur, à Jérusalem, et qui, scellés avec du plomb fondu, ne laissent aucun passage à l'air extérieur. M. de Chateaubriand a encore fait hommage à la princesse d'un petit flacon de verre également rempli d'eau du Jourdain. S. A. R. Madame la duchesse de Berry a *daigné* agréer la double offrande, pour servir au baptème du duc de Bordeaux.

(*Moniteur*, Extrait du *Journal des Débats*.)

Toutes ces niaiseries portèrent leur fruit. Le 3o avril 1821, une ordonnance du roi le nomma ministre d'état et membre du conseil privé.

Par reconnaissance, M. de Chateaubriand, lors de la discussion du projet de loi *contre la presse*, en août 1821, éleva la voix contre les journaux *non cautionnés*, et trouva l'occasion d'exhausser la religion et le trône.... Le trop fameux article 2 de cette loi fut adopté, et tous les journaux, paraissant à jour fixe ou irrégulièrement, quels que fussent d'ailleurs leur titre et leur objet, furent placés sur la même *catégorie*.

C'est là, cependant, l'homme qui se prétend aujourd'hui l'ami de la liberté....

Le nouvel acte de dévouement du noble vicomte à l'absolutisme lui valut, bientôt après, une nouvelle faveur. Par ordonnance du 8 janvier 1822, M. de Chateaubriand fut nommé ambassadeur en Angleterre, en remplacement de M. Decazes, qui semblait fatigué du *rôle singulier qu'il jouait*....

Notre vicomte établit sa demeure à Londres,

dans l'hôtel de M. Decazes, dans Portland-Place, après *s'être fait* saluer par les batteries du château de Douvres.

Notre ambassadeur fut reçu à la cour de Saint-James, au palais de Carlston, au grand lever du roi. Depuis plusieurs années, dit le *Moniteur* de l'époque, la cour n'avait offert un spectacle si brillant. Toute l'attention était dirigée sur notre personnage, qui trouva, sans doute, dans cet accueil de cour, une réparation suffisante à de graves imputations et à des accusations parricides que rien au monde ne semblait pouvoir atténuer. Il fut présenté au roi par M. de Londonderry..... Ce nom en dit assez aux partisans de *certain* système.

M. de Chateaubriand, ancien ambassadeur de la *République* française près celle du Valais, ne pouvait guère, en sa nouvelle qualité d'ambassadeur du roi de France et de Navarre *par la grâce de Dieu,* s'empêcher de donner à *son maître* une nouvelle preuve de son engouement. Aussi, le mois d'août ne se passe pas sans que notre ambassadeur ait pompeusement visité Hartwell, qui fut, pendant *tant d'années*, l'asile de son souverain....

(The Courrier.)

Notre ambassadeur à Londres revient à Paris : il va partir pour ce fameux congrès de Vérone, où devaient se réunir les souverains de la Sainte-Alliance des rois contre les peuples; Sainte-Alliance dont M. de Chateaubriand connaissait les intentions perfides, et dont il pouvait passer, avec quelque raison, pour un des *faiseurs*. Il s'y rencontre avec le vicomte de Montmorency.....

Nous n'avons pas à revenir sur les actes atroces de cette assemblée de tyrans et de délégués de tyrans qui se sont arrogé le droit d'accabler les peuples.... Il suffit de savoir que M. de Chateaubriand y représenta DIGNEMENT SON MAITRE, mais que la France n'y fut pas représentée.

Tant de services devaient enfin être couronnés de l'honneur insigne du portefeuille. En effet, M. de Chateaubriand, pour prix de son servilisme à la Sainte-Alliance et au despotisme du système *déplorable* et tout jésuitique de

Villèle, fut hissé au ministère des affaires étrangères par ce même Villèle qui, pour reconnaître
aussi les services du digne compagnon de
Chateaubriand à Vérone, éleva Montmorency
(Mathieu), le plus inepte des prétendus hommes d'État de la Restauration, au conseil privé.
Ceci eut lieu dans le mois de décembre 1822.

La guerre d'Espagne est décidée en 1823.
La chambre des députés prenait un vif intérêt
au but de cette équipée, qu'un sauvage du Nord
appelait une *expédition de gendarmes*. L'opposition surtout désapprouvait singulièrement ce
système absolu d'intervention à main armée
dans les affaires des peuples contre les tyrans;
mais tel était alors le système des rois contre
les nations, que celles-ci devaient être sacrifiées
à l'intérêt ambitieux des quelques familles qui
gouvernaient, et qui veulent, encore aujour-
d'hui, gouverner le monde malgré le mépris des
peuples pour ces misérables ennemis de l'indépendance. M. de Chateaubriand avait pris
parti pour les ennemis des peuples, en sa qualité d'homme d'État, et le peuple espagnol fut
sacrifié....

M. Bignon, député, le même qui était ministre dans les cent jours en 1815, alors que Chateaubriand se prétendait ministre de France à Gand, à Gand où il attendait les Cosaques qui devaient souiller sa patrie!! M. Bignon lui fit entendre un langage digne de la France et de la liberté des peuples; il disait :

« ..... Vous allez, comme autrefois les Es-
« pagnols, avoir pour principaux auxiliaires,
« des mandemens et des excommunications,
« des trapistes et des capucins... (On demandait
« 100 millions pour la guerre).

« ..... Peut-être la politique procède-t-elle
« ainsi dans les histoires fabuleuses de l'Orient
« ou dans l'amadis des Gaules (on rit); mais à
« l'époque où nous sommes, dans un siècle où
« le monde se gouverne par des intérêts positifs,
« devait-on s'attendre à voir un ministre (Cha-
« teaubriand) dresser sur une guerre réelle des
« plans fantastiques, et manier en imagination
« les événemens de cette guerre comme on dis-
« pose à volonté des évènemens d'un roman de
« chevalerie? où vit-on jamais, si ce n'est dans
« les contes des fées, une baguette magique

« arrêter brusquement deux armées.... et l'ag-
« gresseur désarmé offrant aussitôt à son en-
« nemi, *ses soldats, ses vaisseaux et ses trésors?*

« J'en demande pardon à M. le ministre des
« des affaires étrangères, mais plus d'un diplo-
« mate étranger aura souri en lisant SES DEUX
« LETTRS DU 18 JANVIER. Pour nous que son ob-
« jet intéresse vivement, nous nous demandons,
« après les avoir lues, si M. le ministre, parti-
« san de la paix à Vérone, partisan de la guerre à
« Paris, veut sérieusement cette guerre, ou s'il
« ne la veut pas. Si ce n'était qu'une démons-
« tration, une menace, la mistification aurait
« coûté trop cher à la France, et le ministère
« doit se faire des passe-temps moins funestes à
« la prospérité publique : ou bien sommes-nous,
« par hasard, arrivés à ce point, qu'après avoir
« préparé la guerre sans la vouloir, le ministère
« doive la faire parce qu'il l'a préparée?.... »

Comme on le voit, M. Bignon railla assez vivement l'esprit chevaleresque de M. de Chateaubriand à qui il adresse ensuite de graves repro-
ches sur deux documens publiés à l'étranger.
Ce ministre va essayer de répondre ; il dit :

« ..... *Je n'ai rien à répondre* à des pièces mu-
« tilées, imprimées , par je ne sais quel moyen ,
« *dans des gazettes étrangères.* J'ai commencé
« ma carrière ministérielle avec l'honorable pré-
« opinant *pendant les cent jours.* Nous avions
« tous les deux un portefeuille par intérim, MOI
« A GAND, lui à Paris; je fesais alors un roman,
« lui s'occupait de l'histoire ; je m'en tiens en-
« core au roman.

(Parlant de la *contagion morale* ou *révolu-*
tionnaire , il dit) : « Qui ignore que les révolu-
« tionnaires d'Espagne sont en correspondance
« avec les *nôtres ?* ...... Ne nous a-t-on pas me-
« nacés de faire descendre le drapeau tricolore
« du haut des Pyrénées , pour ramener le fils de
« Buonaparte ? Ne connaissez-vous pas les des-
« seins, les complots et les noms des *coupables,*
« échappés à la justice , qui prétendent revenir
« à nous, sous cet uniforme des braves, qui doit
« mal convenir à *des traîtres?* ..... Il est difficile,
« j'en conviens, d'entendre, sans émotion, por-
« ter de si étranges accusations (d'attenter à l'in-
« dépendance des peuples, flétrir la France, s'é-
« lever contre la venue des Cosaques...) contre

« un ancien ministre qui commande le respect..
» .... On l'a appelé (Montmorency) à cette
« tribune le *duc de Vérone !* Si c'est à cause de
« l'estime qu'il a inspirée à tous les Souverains
« de l'Europe, il mérite d'être ainsi nommé. C'est
« un nouveau titre de noblesse ajouté à tous ceux
« que possèdent déjà les Montmorency.

« Quant à mes nobles collègues au congrès de
« Vérone, ce serait les insulter que de les dé-
« fendre : un compagnon de l'exil du roi, un ami
« du duc de Berry, sont au-dessus du soupçon
« d'avoir trahi la patrie...... *Il n'y a pas ici un*
» *député que je reconnaisse pour* MEILLEUR
« FRANÇAIS QUE MOI... » Ici, le noble ministre
fait un pompeux éloge des rois de la Ste.-Al-
liance, et porte aux nues la *magnanimité* de
l'empereur Alexandre. Parlant ensuite des huit
années d'alliance de la France avec les autres
puissances, il ajoute : *que loin d'affecter la*
dignité de la France, cette alliance prouve le
HAUT RANG *qu'elle occupe en Europe...* On ne
pouvait pas plus insulter la France que le faisait
cet imprudent ministre, qui finit son discours
par une tirade contre les libertés que recher-

chent les Espagnols, contre Buonaparte et la Révolution..... Il prouve l'utilité de la guerre d'Espagne : « Cette guerre, dit-il, n'est pas « l'invasion de Buonaparte... Un Bourbon va « marcher à la délivrance d'un Bourbon.... Il « n'y a pas de comparaison à établir avec l'u- « *surpateur* qui venait saisir la couronne d'un « Bourbon, après s'être emparé de sa personne « par une trahison sans exemple, un conqué- « rant qui marchait *brisant les autels*, TUANT *les* « *religieux*, déportant les prêtres, renversant « les institutions du pays... le petit-fils de Saint- « Louis arrive pour protéger ce qu'il y a de sacré « parmi les hommes, et, proscrit lui-même, il « vient faire cesser les proscriptions... Nous n'a- » vons ni assassiné le dernier des Condé, ni ex- « humé le Cid, et les bras armés contre Buona- « parte combattent pour nous.

« Le Roi, ce roi si sage, si paternel, si paci- « fique, a parlé : il a jugé que la sûreté de la « France et la dignité de la couronne lui fai- « saient un devoir de recourir aux armes après « avoir épuisé les conseils ; le Roi a voulu que « cent mille soldats s'assemblassent sous les or-

« dres d'un *prince qui, au passage de* LA DRÔME,
« *s'est montré* VAILLANT COMME HENRI IV.... Il a
« remis le drapeau blanc à des capitaines qui ont
« fait triompher d'autres couleurs.. » (Le duc de
Bellune était alors ministre de la guerre, comme un digne pendant de Chateaubriand.) »

On sait comment se fit la guerre de 1823. Le
ministère français avait corrompu, à force d'or,
les chefs de l'armée d'Espagne, qui trahirent et
livrèrent leur pays au GRAND capitaine, à ce *con-*
quérant qui se montra vaillant comme Henri IV
en fuyant au passage de la Drôme, *ce digne fils*
de Saint-Louis, *ce premier capitaine des temps*
modernes, ce d'Angoulême enfin, comme on le
nommait alors... Aussi le roi d'Espagne se mon-
tra-t-il reconnaissant envers des ministres aussi
dévoués à la cause des rois : IL ENVOYA, au mois
d'octobre, LA TOISON D'OR A MM. DE CHATEAU-
BRIAND ET DE BELLUNE , *qu'il nomma aussi*
GRAND'-CROIX DE L'ORDRE ROYAL DE CHARLES III,
en même temps que Villèle.

Le roi de France ne voulut pas rester en ar-
rière de son frère d'Espagne, en fait de faveurs,
et la pairie de M. de Chateaubriand fut transmis-

sible *héréditairement* au comte son neveu, parce qu'il n'avait pas lui-même de race masculine.

Voyant cela, l'empereur de Russie envoya de suite (décembre), *l'Ordre de Saint-André* à M. de Chateaubriand et à M. de Montmorency, *pour leurs* services au congrès de Vérone, et surtout *pour la guerre d'Espagne.*

Le roi de France, voulant surpasser en munificence et en *reconnaissance* les *suprêmes* de l'Europe, nomma, le 7 janvier 1824, M. de Chateaubriand *chevalier-commandeur de tous les ordres....*

Le roi de Piémont, voyant ses frères de l'Europe en train d'accabler M. de Chateaubriand de faveurs et dignités, lui envoya, au mois de mars, le *Collier de l'Ordre suprême de la très-sainte Annonciation*; ce que voyant Sa Majesté de Prusse, elle expédia au modeste vicomte de Chateaubriand *l'Ordre de l'Aigle-Noir*, dans ce même mois de mars...

C'était une véritable moisson à la cour de France, que cette abondante profusion de titres, d'ordres, de faveurs, qui accablaient les hommes tels que M. de Chateaubriand! et cela, en récompense de leur *énorme* dévouement à la cause des tyrans contre les peuples...

En septembre 1824, Louis XVIII meurt, et M. de Chateaubriand fait cette fameuse brochure : *Le Roi est mort, Vive le Roi*! Il est par trop curieux de voir en quels termes s'exprime notre ancien ministre des affaires étrangères, sur Louis XVIII et sur Charles X. « Le roi est « mort!... s'écrie-t-il ; jour d'épouvante où ce « cri fut entendu, il y a trente ans, pour la der- « nière fois dans Paris! Le roi est mort! La « monarchie va-t-elle se dissoudre ? La colère « céleste s'est-elle déployée de nouveau sur la « France ! Où fuir ? où se cacher (voilà le lan- « gage d'un royaliste! ou se cacher ?) devant la « terreur et l'anarchie ? Pleurez, Français ! vous « avez perdu le roi *qui vous* a sauvés, le roi « qui vous a rendu la paix, le roi qui vous a faits « libres! Mais ne tremblez point pour votre « destinée; le *roi est mort*, mais le *roi est vi-* « *vant*. Le roi est mort : Vive le roi! C'est le cri « de la vieille monarchie, c'est aussi le cri de « la monarchie nouvelle. »

« ..... Paternel, pacifique, bienveillant, con-

« fiant, respect, grandeur, générosité, indul-
« gence, calme, raisonnable, intrépidité de fa-
« mille.... » Voilà pour Louis XVIII; voici
pour Charles X :

« Vous l'avez vu depuis dix ans, ce *sujet fi-*
« *dèle*, ce frère respectueux, ce père tendre,
« si affligé dans un de ses fils, si consolé par
« l'autre. Vous le connaissez ce Bourbon, qui
« vint le premier, APRÈS nos malheurs, digne
« *héraut* de la vieille France, *se jeter entre*
« *vous et l'Europe*, une branche de lys à la
« main. Vos yeux s'arrêtent avec amour et com-
« plaisance sur ce prince qui, dans la *maturité*
« de l'âge, a conservé le *charme* et la noble
« *élégance* de sa jeunesse, et qui, maintenant
« orné du diadême, n'est encore qu'*un Fran-*
« *çais de plus au milieu de vous.* (Quand
« ce mot fut dit, on oubliait que les Co-
« saques étaient avec ce prince.) Vous ré-
« pétez avec émotion tant de mots heureux
« échappés à ce nouveau monarque qui puise
« dans la *loyauté* de son cœur la *grâce* de
« bien dire. Quel est celui d'entre nous qui
« ne lui confierait sa vie, sa fortune, son hon-

« neur (il est toujours question de Charles X ;
« il est bon de le faire observer, on se doute
« pourquoi)? Cet homme que nous voudrions
« tous avoir pour ami, nous l'avons aujour-
« d'hui pour roi. Eh! tchons de lui faire ou-
« blier le *sacrifice* de sa vie! que la couronne
« pèse légèrement sur la tête blanchie de ce
« *chevalier* CHRÉTIEN! *pieux* comme Saint-Louis,
« affable , *compâtissant* , *justicier* comme
« Louis XII , *courtois* comme François Ier,
« FRANC comme Henri IV ; qu'il soit heureux
« de tout le bonheur qui lui a manqué pendant
« de si longues années! que le trône, où tant
« de monarques ont rencontré des tempêtes,
« soit pour lui un lieu de repos! Nous sentons
« combien, dans ce moment, il lui est *pénible*
« *de monter* les degrés de ce trône pour y oc-
« cuper la place d'un frère. Mais qu'il permette
« à des sujets, qui respectent sa *royale* dou-
« leur, de chercher auprès de lui leur con-
« solation et leurs *plus chères* ESPÉRANCES!..
« Supplions humblement Charles X d'imiter
« ses ayeux.... (Il lui conseille d'aller à
« Reims...) »

44

Au mois d'octobre suivant, nouvelle brochure de M. de Chateaubriand, non moins ri-
dicule que la précédente, à l'occasion de la
pompe funèbre de Louis XVIII, et, par consé-
quent, éloges ampoulés et emphatiques du
pieux, *franc* et *loyal* Charles X.

La loi, dite du *sacrilége*, obtenue par le
clergé, donne lieu à M. de Chateaubriand de
déployer son esprit superstitieux et méchant.
Il soutient à outrance l'amendement suivant,
qui fut adopté :

« *La profanation des vases sacrés est punie
de la peine des travaux forcés à temps. La
profanation des hosties consacrées est punie de
la peine des travaux forcés à perpétuité...!! »*

On ne pouvait pas être plus barbare, plus
cruel, que ce superstitieux cagot. Puis, il vous
parlera de liberté!...

La cagoterie du noble vicomte ne devait pas
rester sans être remarquée et récompensée.
Aussi écrit-on de Rome, 15 octobre 1828, dit
le *Moniteur* : « Depuis son arrivée dans cette
« ville, M. de Chateaubriand est l'objet de tou-
« tes les prévenances du Saint-Pontife et de tout

« ce que Rome a de distingué; quoique S. Ex.
« ne reçoive point encore, l'hôtel de l'ambas-
« sade (il était ambassadeur) est continuelle-
« ment visité par les *cardinaux*, les *princes*
« romains et les familles *patriciennes*.... Il faut
« voir avec quel enthousiasme... etc., etc. »

Comment un tel homme peut-il faire croire aujourd'hui à la moindre idée d'indépendance, ni de son amour pour la liberté...?

La révolution de juillet éclate, et M. de Chateaubriand déclare qu'il est de son honneur de se séparer d'un gouvernement qui a renversé ses plus chères affections.... il nous fait savoir qu'il quitte à jamais les affaires publiques, il abandonne la *politique*, il ira pleurer hors de la France les *erreurs* des ennemis d'un système qui a prévalu sur celui de ses bons amis les Bourbons aînés. etc.

En effet, TOUJOURS *fidèle* à ses paroles, M. le vicomte s'exile volontairement... mais il revient bientôt après à Paris, où il sait qu'existe un vaste foyer de conspiration carliste contre le gouvernement né de la sublime révolution de juillet. Il arrive, et il *brochure* en faveur de l'enfant du miracle.... il fait des homélies en faveur des exilés d'Holy-Rood... il nous montre le bonheur et la liberté si nous consentons à recevoir, pour la troisième fois ! la *bonne*, *l'excellente*, la *sainte* famille des aînés.... Enfin, las de prêcher *dans le désert*, il menace la France de la quitter encore.... Quand s'offre à lui une heureuse occasion de faire éclater son dévouement à cette *intéressante* famille, qui fit égorger le peuple parisien pendant trois jours, en 1830, circonstance qui ne semble sans doute rien, ou qui paraît très indifférente au *pieux* et *sensible* vicomte. On comprend que nous voulons parler de l'aumône offerte aux cholériques de Paris per ce personnage, au nom de la duchesse de Berry, set rejetée par l'autorité.

Il serait au-dessous de M. de Chateaubriand et de nous, de nous occuper sérieusement de cette dégoûtante affaire des 12,000 francs offerts aux pauvres de Paris, au nom de la duchesse de Berry. Cependant on en a tant parlé, on a tant menti à ce sujet, et M. de Chateaubriand lui-même s'est conduit d'une si singulière façon en cette circonstance, qu'il nous est impossible de nous abstenir de faire connaître la vérité sur cette affaire, qui n'était digne d'occuper que des commerçans de *chiffons*. Voici le fait tel qu'il s'est passé, tel qu'il nous a été rapporté par des personnes qui y ont *participé* ACTIVEMENT.

Une demoiselle Lalouette, brodeuse, dirigeait (et dirige encore, un établissement de broderies, et élevait des filles *repentantes*, sous la protection des duchesses de Berry et d'Angoulême. Elle fut inconsolable de la perte du patronage de ces princesses, après les *fatales* journées de juillet. Croyant obtenir des secours de ces dames, elle entreprend le voyage d'Holy-Rood, où elle reçut un accueil bien gracieux, mais des secours... nullement. Les conspirateurs avaient sans doute épuisé l'*auguste* bourse!... Elle revint à Paris, un peu mortifiée de son voyage, mais accablée de promesses. A quelque temps de là, une de ces dames d'Holy-Rood profita du départ de M. de Sèze, qui retournait à Paris, pour adresser à la demoiselle Lalouette quelques robes provenant d'une réforme de garde-robe, quelques petits objets travaillés par *Mademoiselle*,

et elle la chargea de distribuer le tout aux pauvres *repentantes*. Que faire de ces objets de valeur si minime, pour secourir de pauvres filles ?
Un conseil carliste s'assemble, et il est décidé
que ces objets seront mis en loterie et propo-
sés aux *fidèles du noble faubourg* et du parti.

En effet, les billets furent enlevés *avec fureur*
(jugez donc, il était question de guenilles
royales !) et produisirent, qui le croirait ! DOUZE
MILLE FRANCS....

Mademoiselle Lalouette, enchantée de ce résultat prodigieux, se disposait à en profiter,
quand M. de Chateaubriand proposa, malgré
l'opposition de Madame de Pressac, de donner ces 12,000 fr. aux pauvres malades de Paris, *au nom de la duchesse de Berry*.

Bien grand fut le désappointement de la demoiselle Lalouette ! elle menaçait de faire du
scandale si on ne lui rendait pas cette somme,
quand un sieur Coissin, qui était le confident,
de ses plaintes, parvint, non sans peine, à l'ap-
paiser et à empêcher le retentissement des journaux. Tel était l'état des choses quand l'autorité, qui était avertie de ce dégoûtant tripotage,

rejeta l'offre hypocrite, et d'origine peu décente, du noble vicomte (1).

Que s'il prenait à quelqu'un l'envie de contester ces faits, nous nous contenterions de déclarer que des preuves irrécusables ne se détruisent pas facilement par des *démentis* reçus de la part *d'intéressés à les donner*, et le *Times* nous a appris quelle confiance méritaient les *démentis* donnés par certains faiseurs...

Nous le répétons, M. de Chateaubriand, s'il ne fut pas l'auteur de la mise en loterie des guenilles *augustes*, suggéra l'idée d'en offrir le produit aux pauvres de Paris.

C'est avec douleur que nous avons vu le nom illustre de Chateaubriand mêlé dans cette pitoyable affaire. Le fait parle assez haut et n'a pas besoin de commentaire. Qu'espérait donc le parti carliste, par suite de cette offre de 12,000 francs? Exciter l'admiration du peuple pour une princesse aventurière? Mais le peuple peut-il oublier que la famille de cette coureuse le fit massacrer pendant trois jours!!

(1) Ce personnage a démenti ces faits. Mais rappelons-nous a valeur des *démentis* de M. le vicomte.

Et c'est M. de Chateaubriand qui a consenti à descendre à jouer un rôle si bas, si dégradant !... le rôle d'un embaucheur, d'un conspirateur !...

Tel fut le citoyen-vicomte de Chateaubriand, tel il est aujourd'hui. Homme doué d'un grand talent littéraire, il ne s'est pas placé à la hauteur du siècle qui a fait sa gloire et son illustration ; il s'est montré ingrat envers cette jeune France qui lui a accordé une grande renommée. Le citoyen Chateaubriand était né pour primer son siècle, il s'est laissé primer par les idées étroites du servilisme des cours. Il était né pour être placé à la tête des hommes de la liberté, il a préféré l'éclat et la grandeur factices qui s'acquièrent en rampant au milieu des valets des princes. Il était destiné à de grandes et belles choses, il a préféré au triomphe des vrais principes, les honneurs éphémères que lui ont décernés les rois de l'Europe, ligués contre l'indépendance des nations. Quel peuple et quel parti peuvent se confier à un tel homme ? Son drapeau n'est pas celui de la nation française régénérée...... peut-être même travaille-t-il de nouveau à un autre *mémoire aux puissances alliées*, afin de les engager à venir, pour la troisième fois, envahir notre patrie. Ah ! cette pensée fait frémir, et en songeant que cet homme célèbre a déjà coopéré à une œuvre aussi infâme, nous ne pouvons que le maudire.

Tel est l'un des chefs du parti carliste...

— *Ab uno disce omnes.*

Paris, Auguste MIE, imprimeur, rue Jacquelet, n. 9.